Inhalt

Zur Einführung 7

Geheimnisse
des freudenreichen Rosenkranzes

1. Den du, o Jungfrau, vom Heiligen Geist empfangen hast 16
2. Den du, o Jungfrau, zu Elisabet getragen hast . 20
3. Den du, o Jungfrau, (in Betlehem) geboren hast 24
4. Den du, o Jungfrau, im Tempel aufgeopfert hast 28
5. Den du, o Jungfrau, im Tempel wiedergefunden hast 32

Geheimnisse
des schmerzenreichen Rosenkranzes

1. Der für uns Blut geschwitzt hat 38
2. Der für uns gegeißelt worden ist 42
3. Der für uns mit Dornen gekrönt worden ist . . 46
4. Der für uns das schwere Kreuz getragen hat . . 50
5. Der für uns gekreuzigt worden ist 54

Geheimnisse des glorreichen Rosenkranzes

1. Der von den Toten auferstanden ist 60
2. Der in den Himmel aufgefahren ist 64
3. Der uns den Heiligen Geist gesandt hat 68
4. Der dich, o Jungfrau, in den Himmel auf-
   genommen hat 72
5. Der dich, o Jungfrau, im Himmel gekrönt hat . 76

Bildnachweis 79

Zur Einführung *

Das Rosenkranzgebet, als Übung christlicher Frömmigkeit bei den Gläubigen des lateinischen Ritus – die den größten Teil der katholischen Familie bilden – kommt in seiner Bedeutung für die Priester gleich nach der heiligen Messe und dem Breviergebet, für die Laien gleich nach der Teilnahme an den Sakramenten. Das Rosenkranzgebet ist eine fromme Weise der Vereinigung mit Gott, es bedeutet immer eine hohe geistige Erhebung.

Es trifft zu: manche, die nicht hinreichend geformt sind, um über das Lippengebet hinauszugelangen, mögen ihn in der bloßen Abfolge der drei Gebete: des Vaterunser, des Gegrüßest seist du Maria und des Ehre sei dem Vater, in der überlieferten Ordnung auf fünfzehn Gesätzchen verteilt, einfachhin aufsagen. Das ist gewiß schon etwas. Aber – und wir müssen es betonen – das ist nur der Anfang oder nur der äußere Klang eines vertrauensvollen Gebets und nicht so sehr das Aufschwingen des Geistes zum Ge-

---

* Aus dem apostolischen Brief Papst Johannes' XXIII. über das Rosenkranzgebet für den gerechten Frieden der Völker.

spräch mit Gott, angeregt von der Erhabenheit und Schönheit seiner Geheimnisse barmherziger Liebe für die ganze Menschheit.

1. Die drei Elemente

Der wirkliche Gehalt des gut betrachteten Rosenkranzes wird von einem dreifachen Element bestimmt; das gesprochene Wort bildet eine Einheit und begleitet in lebendigem Mitvollzug die Geschehnisse aus dem Leben Jesu und Mariens, und gleichzeitig wird eine Beziehung hergestellt zu den verschiedenen Anliegen der betenden Seelen und den Bedürfnissen der universalen Kirche.

Jedes Rosenkranzgesätzchen ist also ein Bild, und zu jedem Bild gibt es einen dreifachen Gesichtspunkt: mystische Betrachtung, innere Erwägung und fromme Meinung. Wichtig ist vor allem die klare, lichtvolle und rasche Betrachtung eines jeden Geheimnisses, das heißt jener Glaubenswahrheiten, die uns den Erlösungsauftrag Christi verkünden.

Die *Betrachtung* führt uns mit Herz und Sinn zu einem vertrauten Umgang mit der Lehre und dem Leben Jesu, dem Sohn Gottes und Sohn Mariens, der auf die Erde kam, um zu erlösen, um zu lehren und zu heiligen: – in der Stille des verborgenen Lebens aus Gebet und Arbeit – in seinem Leiden und Kreuz – seiner glorreichen

Zur Einführung

Auferstehung: wie in der Herrlichkeit des Himmels, wo er zur Rechten des Vaters sitzt, um der von ihm gegründeten Kirche, die auf ihrem Weg durch die Jahrhunderte voranschreitet, immer beizustehen und sie durch den Heiligen Geist zu beleben.

Das zweite Element ist die *Erwägung*, die aus der Fülle der Geheimnisse Christi heraus den Geist des Betenden mit lebendigem Licht überflutet. In den einzelnen Geheimnissen findet jeder für sich passende und gute Unterweisungen im Hinblick auf seine persönliche Heiligung und seine Lebensverhältnisse; und unter der fortwährenden Erleuchtung des Heiligen Geistes, der in der Tiefe der Seele, die im Stande der Gnade ist, „für uns eintritt mit unaussprechlichen Seufzern" (Röm. 8, 26), vergleicht jeder sein Leben mit der innigen Belehrung, die aus diesen Geheimnissen strömt, und er findet darin unerschöpfliche Anwendungsmöglichkeiten für seine persönlichen geistigen Erfordernisse wie auch für die seines täglichen Lebens.

Schließlich die *gute Meinung*, das heißt die Beziehung auf Personen oder Einrichtungen, auf persönliche und soziale Nöte, die für einen wahrhaft tätigen und frommen Katholiken zum Erweis der Liebe zu seinen Brüdern gehören; einer Liebe, die sich in die Herzen ergießt und die gemeinsame Zugehörigkeit zum mystischen Leib Christi lebendig zum Ausdruck bringt.

Auf diese Weise wird der Rosenkranz zum universalen Gebet des einzelnen Gläubigen und der großen Gemeinschaft der Erlösten, die aus allen Teilen der Erde sich in einem einzigen Gebet begegnen: ob im privaten Gebet, um Gnaden für die persönlichen Anliegen jedes einzelnen zu erbitten, oder in der Teilnahme am unermeßlichen und einstimmigen Chor der ganzen Kirche für die großen Interessen der gesamten Menschheit. Nach dem Willen des göttlichen Erlösers lebt die Kirche inmitten der Ungewißheiten, der Auseinandersetzungen und Stürme einer sozialen Unordnung, die oft zu einer gefährlichen Bedrohung wird. Aber das Augenmerk der Kirche, die Kräfte der Natur und der Gnade bleiben stets auf das höchste und ewige Endziel hin gerichtet.

So ist der Marianische Rosenkranz, wenn man ihn in seinen verschiedenen Elementen betrachtet, die unter der Form des mündlichen Gebetes zusammenwirken, wie in einer feinen und reichen Stickerei verknüpft, doch voller Wärme und geistlichem Zauber.

Das mündliche Gebet erlangt trotzdem seine volle Geltung: an erster Stelle steht das Gebet des Herrn, das dem Rosenkranz Klang, Inhalt und Leben gibt und auf jedes Geheimnis folgt, es bezeichnet den Wechsel von einem Gesätzchen zum anderen; dann ist der Englische Gruß, der den Widerhall und Jubel des Himmels und der Erde um die verschiedenen Bilder des Lebens Jesu und Mariens in sich birgt, und schließlich das in tiefer Anbetung der Allerheiligsten Dreifaltigkeit wiederholte Ehre sei dem Vater...

2. Gebet, das die Menschen verbindet

Bei Würdigung dieser althergebrachten und ergreifenden Form der Marienverehrung, entsprechend den persönlichen Umständen jedes einzelnen, sei uns hinzuzufügen erlaubt, daß die modernen Umwandlungen auf allen Gebieten der menschlichen Gesellschaft, die wissenschaftlichen Entdeckungen, ja selbst der Fortschritt in der Organisation der Arbeit, die den Menschen dazu führen, unsere Welt mit größerem Weitblick und tieferer Einsicht zu erfassen, ein neues Empfinden auch hinsichtlich der Funktion und der Form des christlichen Gebets erwecken. Nunmehr fühlt sich jede betende Seele nicht mehr allein und ausschließlich mit ihren persönlichen geistigen und zeitlichen Interessen beschäftigt, sondern sie weiß viel mehr als bisher, daß sie zu einem sozialen Ganzen gehört, an dessen Verantwortung sie teilhat, dessen Vorteile sie genießt und vor dessen Unsicherheiten und Gefahren sie bangt. Auch das liturgische Gebet in Meßbuch und Brevier weist im übrigen diese Eigenart auf: jeder Abschnitt wird mit dem Aufruf „Lasset uns beten!" eingeleitet, der eine Vielzahl von Betern voraussetzt, sowohl solche, die beten, als auch andere, die auf Erhörung warten und für die gebetet wird. Hier betet die Gemeinde, vereint im Flehen für die ganze Menschheitsfamilie, für die Gemeinschaft der Kirche und die staatlichen Gemeinschaften.

So wird das Rosenkranzgebet angesichts der gewöhnlichen und der außergewöhnlichen Bedürfnisse der heiligen Kirche, der Völker und der ganzen Welt zum großen öffentlichen und universalen Gebet erhoben ...

O heiliger Rosenkranz: Welch eine Freude, ... dich von unzähligen Scharen frommer Gläubigen erhoben zu sehen, als ein Symbol und Banner, das den Herzen und allen Völkern Frieden verheißt.

Frieden im menschlich-christlichen Sinn bedeutet Durchdringung der Seelen mit jener Wahrheit, Gerechtigkeit und vollkommenen gegenseitigen Brüderlichkeit der Völker, die jede drohende Zwietracht und Verwirrung zerstreuen, die den Willen aller und jedes einzelnen auf die Lehre des Evangeliums hinlenken und auf die Betrachtung der Geheimnisse und Beispiele Jesu und Mariens, wie sie uns in dieser allgemeinen Andacht vertraut werden; Friede wird durch das Bemühen jedes einzelnen und aller, das heilige Gesetz vollkommen zu befolgen, ein Gesetz, das die verborgensten Regungen des

Zur Einführung

Herzens regelt und das Tun eines jeden zu christlicher Heiterkeit und Lauterkeit lenkt, es schenkt Freude im menschlichen Leben und einen Vorgeschmack ewiger Freuden ...

Als Ergänzung zu diesem Apostolischen Brief möchten wir unsere kurze Zusammenfassung frommer Gedanken vorlegen, in denen jedes Gesätzchen des Rosenkranzes unter dem bereits erwähnten dreifachen Aspekt betrachtet wird: Geheimnis, Erwägung und Intention.

Diese einfachen und spontan niedergeschriebenen Gedanken mögen vielen eine Hilfe sein, die den Wunsch haben, über die Monotonie des einfachen Betens hinauszugelangen – ein nutzbringender und geeigneter Weg zur lebendigeren persönlichen Erbauung und um mit größerem Eifer für das Heil und den Frieden aller Nationen zu beten ...

Castelgandolfo, 29. September 1961,
am Fest des hl. Erzengels Michael

JOANNES PP. XXIII.

„Für mich sind die fünfzehn Geheimnisse des Rosenkranzes fünfzehn Fenster, durch die ich im Licht des Herrn die Welt betrachte."

Papst Johannes XXIII.

GEHEIMNISSE DES FREUDENREICHEN ROSENKRANZES

1.
Den du, o Jungfrau,
vom Heiligen Geist empfangen hast

Das ist die erste leuchtende Spur, um Himmel und Erde zu verbinden, das erste der Ereignisse, die da größer sind als alle seit Anbeginn der Zeiten.

Der Sohn Gottes, das Wort des Vaters, „durch den alles geworden ist, was geworden ist" (Joh 1, 3), er nimmt in diesem Geheimnis die menschliche Natur an, er wird selber Mensch, um für den Menschen und für die ganze Menschheit Erlöser und Retter werden zu können.

Maria, die Unbefleckte, der Schöpfung schönste und an Duft reichste Blüte, sie antwortet der Stimme des Engels ihr: „Siehe, ich bin die Magd des Herrn" (Luk 1, 38); sie nimmt die Ehre an, die Mutter Gottes zu werden, und im gleichen Augenblick vollzieht sich dieses Geheimnis in ihr. Und wir, die wir einst in unserem Stammvater Adam bereits als angenommene Kinder Gottes gezeugt und dann in der Sünde gefallen waren, wir kehren heute zurück, wiederum als Brüder, als angenommene Kinder des Vaters; unsere Annahme an Kindes Statt gilt von neuem, denn die Erlösung hat jetzt begonnen. Wir werden, zu Füßen des Kreuzes, Kinder Mariens sein, zu-

Verkündigung an Maria. Aus einem Altarbild von Simone Martini, 1333. Florenz, Galleria degli Uffizi.

Den du, o Jungfrau, vom Hl. Geist empfangen hast

sammen mit Jesus, den sie soeben empfangen hat. Von nun an wird sie Mutter Gottes und damit auch unsere Mutter sein.

Welche Erhabenheit, welche Innigkeit birgt dieses erste Geheimnis! Wenn wir dies erwägen, dann ist es unsere erste und bleibende Pflicht, dem Herrn Dank zu sagen, daß er sich herabgelassen hat, zu kommen, um uns zu erlösen, daß er Mensch geworden ist und als Mensch unser Bruder.

Er ist einer von uns geworden, in den gleichen Lebensbedingungen wie wir, Sohn einer Frau – jener Frau, der er uns, zu Füßen des Kreuzes, als Kinder anvertraut. Die der himmlische Vater zu seinen Kindern angenommen hatte, die wollte er auch zu Kindern seiner eigenen Mutter machen.

Unsere Gebetsmeinung bei Betrachtung dieses ersten sich uns darbietenden Bildes soll, abgesehen von unaufhörlichem Dank, das ehrliche, redliche Bemühen sein um Demut, Reinheit und lebendige Liebe; eben diese Tugenden hat uns ja die gebenedeite Jungfrau durch ihr kostbares Beispiel vor Augen gestellt.

2.

*Den du, o Jungfrau,
zu Elisabet getragen hast*

Welche Lieblichkeit, welche Güte liegt über diesem drei Monate währenden Besuch, den Maria ihrer lieben Base abstattet. Die eine wie die andere bereitet sich darauf vor, bald Mutter zu werden: für die Jungfrau-Mutter ist diese Mutterschaft heiliger, als es je zuvor auf Erden auch nur auszudenken gewesen wäre. Eine innige Harmonie klingt wechselweise in den beiden Lobgesängen auf: „Gesegnet bist du mehr als alle anderen Frauen" (Luk 1,42), singt die eine, und: „Der Herr hat angesehen die Niedrigkeit seiner Magd: siehe, von nun an werden mich seligpreisen alle Geschlechter" (Luk 1,48), jubelt die andere.

Was sich hier auf den Hügeln von Hebron, in Ain-Karim, vollzieht, das macht deutlich – mit einem Licht voll höchster Menschlichkeit und göttlich zugleich –, wie die Beziehungen sind, die die guten christlichen Familien verbinden, die da in der alten Schule des heiligen Rosenkranzes herangebildet wurden: der Rosenkranz, der allabendlich im Hause oder im Kreis von Freunden gebetet wurde; nicht in einer oder in hundert oder tausend Familien, nein, in allen

Maria bei Elisabeth. Fresko von Giotto di Bondone in der Unterkirche von S. Francesco (Nordquerhaus) in Assisi, Ende 13. Jahrhundert.

und an allen Orten der Erde, wo immer einer „leidet, kämpft und betet"; gebetet von jedem von uns, der mit einer Aufgabe bedacht ist, sei es das Priestertum, sei es die Liebe der Missionare, sei es eine Aufgabe im Apostolat; gebetet aber auch von jenen, die aus vielerlei Gründen, berechtigten und pflichtgemäßen, sich ihrer Hände Arbeit, dem Handel, dem Militärdienst, dem Studium, der Unterweisung oder einem anderen Beruf widmen.

Bei diesen zehn Ave Maria, von so vielen Herzen gesprochen, die geeint sind durch die Bande des Blutes, durch häusliche Verbundenheit, durch eine Gemeinschaft, die heiligt und so auch heil macht, tut man gut daran, jener Liebe zu gedenken, die die Menschen verbindet, die einander besonders teuer sind: Liebe zwischen Eltern und Kindern, zwischen Geschwistern und zwischen Ehegatten, zwischen Landsleuten und Angehörigen desselben Volkes. Das alles mit dem Ziel und in der Absicht, die Gegenwart dieser allumfassenden Liebe zu unterstützen und ihr zu Wachstum und Glanz zu verhelfen, jener Liebe, deren Übung die tiefste Freude und die größte Ehre unseres Lebens ist.

3.

Den du, o Jungfrau, geboren hast

Zu der Stunde, die den Gesetzen der menschlichen Natur, die er angenommen hatte, entsprach, geht das menschgewordene Wort Gottes aus dem heiligen Tabernakel, aus dem unbefleckten Schoß Mariens hervor. Sein erstes Erscheinen in der Welt vollzieht sich in einer Futterstelle, aus der die Tiere ihr Heu fressen, ganz umhüllt von Schweigen, Armut, Einfachheit und Unschuld.

Stimmen der Engel tönen vom Himmel, sie verkünden den Frieden: jenen Frieden, der dem ganzen Erdkreis gebracht werden soll von dem Kinde, das eben jetzt geboren worden ist. Die ersten, die es anbeten, sind Maria, die Mutter, und Joseph, der als der Vater gilt; nach einer Weile kommen dann die demütigen Hirten, von Engelchören eingeladen, von den Hügeln herab. Später wird eine Karawane vornehmer Fremder sich ihnen anschließen, von weit, weit her durch einen Stern geführt; sie werden kostbare Gaben voll tiefer sinnbildlicher Bedeutung darbringen. In dieser Nacht von Betlehem spricht alles eine Sprache von universaler Bedeutung.

Bei diesem Geheimnis ist kein Knie, das sich

Anbetung des Kindes. Gemälde von Robert Campin (Meister von Flémalle), um 1430. Dijon, Musée des Beaux-Arts.

nicht anbetend vor der Krippe beugt. Keiner, der nicht ins Angesicht des göttlichen Kindes blickt, das ins Weite schaut, gleichsam im Begriff, ein Volk der Erde ums andere ins Auge zu fassen, die alle, eins nach dem anderen, wie in einer Heerschau vor ihm vorüberziehen; es kennt sie alle, nennt sie alle mit Namen, grüßt sie alle mit einem Lächeln: die Juden, die Römer, die Griechen, die Chinesen, die Inder, die Völker Afrikas, die Völker aus jedwedem Bereich der Erde, aus jeglicher Epoche der Geschichte, aus den fernstgelegenen einsamsten Orten, aus vergangenen, gegenwärtigen und künftigen Zeiten.

Indem der Heilige Vater diese zehn Ave Maria spricht, befiehlt er in seinen Gedanken dem eben geborenen Jesuskind alle die Kinder, die zahllosen, aus allen Völkern – wie viele sind es! eine unermeßliche Zahl! –, die in den vergangenen vierundzwanzig Stunden, am Tag oder in der Nacht, überall auf dieser Erde das Licht der Welt erblickt haben. Wie viele sind es! Und sie alle, ob sie getauft werden oder nicht, sie gehören alle Jesus, sie gehören alle zu Recht diesem Kinde, das da in Betlehem geboren ist. Sie sind seine kleinen Brüder; sie sind dazu berufen, seiner Herrschaft zu folgen, die da die höchste und die beglückendste ist für die Herzen der Menschen und die Geschichte der Welt: eine Herrschaft des Lichtes, ein Reich des Friedens: das „Reich", um das wir im Vaterunser bitten.

4.

Den du, o Jungfrau,
im Tempel aufgeopfert hast

Von den mütterlichen Armen gehalten, wird Jesus dem Priester dargereicht; er selber breitet seine Arme aus: das ist die Begegnung, das die Berührung der beiden Testamente. So kommt „das Licht zur Erleuchtung der Heiden" (Luk 2, 32), er, der Glanz des auserwählten Volkes, der Sohn Mariens. Auch der heilige Joseph ist zugegen; auch er opfert mit und nimmt teil an der Darbringung der Opfergaben, wie sie im Gesetz vorgeschrieben sind.

Dieses Geschehen setzt sich in der Kirche fort: auf andere Weise, aber die Opfergabe ist dieselbe, und dieses Opfer wird ohne Ende dargebracht.

Wie schön ist es, während wir die Ave Maria wiederholen, dieses reifende Feld zu betrachten, die Ernte, die hier beginnt. „Blickt umher und seht, daß die Felder weiß sind, reif zur Ernte" (Joh 4, 35). Das sind die beglückend emporwachsenden Hoffnungen des Priesterberufs, der Mitarbeiter und Mitarbeiterinnen der Priester, die in großer Zahl – und doch niemals genug! – im Reiche Gottes wirken, da die jungen Männer in den Seminaren, in den Ordenshäusern; da sind

Darbringung Jesu im Tempel. Aus dem Flügelaltar (Außenseite) von Melchior Broederlam aus der Kartause Champmol bei Dijon, 1399. Dijon, Musée des Beaux-Arts.

schließlich – warum auch nicht? sind nicht auch sie Christen? nicht auch sie berufen, Apostel zu sein? – die Studierenden auf den katholischen Universitäten; da sind die Hoffnungen all der anderen aufsteigenden Kräfte eines künftigen, noch nicht absehbaren Laienapostolats. Eines Apostolats, das sich ausbreitet, ungeachtet aller Schwierigkeiten und Hemmnisse, bis hinein in die Völker, die unter Verfolgungen zu leiden haben; dort opfert es und hört nicht auf zu opfern und ist so ein Schauspiel voller Trost, das zu Worten der Bewunderung und der Freude hinreißt. „Ein Licht, das die Heiden erleuchtet" (Luk 2, 32), Herrlichkeit des auserwählten Volks.

5.

Den du, o Jungfrau,
im Tempel wiedergefunden hast

Jesus ist jetzt zwölf Jahre alt. Maria und Joseph gehen mit ihm nach Jerusalem, um nach der Vorschrift des Gesetzes im Tempel anzubeten. Wie durch Zufall entschwindet er ihren Augen, die doch so achtsam, so liebend sind. Groß ist die Sorge; drei Tage lang suchen sie, aber vergeblich. Dann folgt auf das Leid die Freude: sie finden ihn wieder, dort in den Hallen, die den Tempel umgeben. Er sitzt im Gespräch mit den Gesetzeslehrern; mit eben diesen Worten stellt Lukas ihn mit der äußersten Genauigkeit uns vor Augen. Sie finden ihn also, mitten unter den Lehrern sitzend (vgl. Luk 2, 46), wie er ihnen zuhört und wie er sie fragt. Eine Begegnung mit den Lehrern, das war damals eine große, eine entscheidend wichtige Sache: das bedeutete Wissen, Einsicht, Unterweisung für das praktische Leben im Lichte des Alten Testamentes.

Das ist zu jeder Zeit die Aufgabe des menschlichen Verstandes: die Stimmen der Jahrhunderte aufzugreifen, die rechte Lehre weiter zu vermitteln und in Festigkeit und in Demut das Blickfeld der wissenschaftlichen Forschung auszuweiten. Wir selber sterben, einer nach dem an-

Der zwölfjährige Jesus lehrt im Tempel. Fresko von Giotto di Bondone in der Unterkirche von S. Francesco (Nordquerhaus) in Assisi, Ende 13. Jahrhundert.

deren, und gehen zu Gott; die Menschheit schreitet weiter in die Zukunft.

Christus ist immer da, im Lichte der Übernatur ebenso wie im Licht der Natur: er ist immer in unserer Mitte, an seinem Platze: „Nur einer ist euer Lehrer, Christus" (Mt 23,10).

Dieses fünfte Gesätz des freudenreichen Rosenkranzes, seine zehn Ave Maria sollen der besonderen Fürbitte vorbehalten sein für alle, die von Gott aufgrund ihrer natürlichen Gaben, durch ihre Lebensumstände zum Dienst an der Wahrheit berufen sind, zur Forschung oder zur Lehre, zur Weitergabe der klassischen Wissenschaften oder der neuen von der Technik, auch durch Bücher oder durch Rundfunk oder Fernsehen – sie alle sind aufgerufen, auch sie, zur Nachfolge Jesu. Da sind die Wissenschaftler, die Fachspezialisten, die Journalisten, denen jeden Tag die Aufgabe gestellt ist, der Wahrheit die Ehre zu geben, sie in gewissenhafter Treue weiterzuverbreiten, mit Klugheit und ohne phantasievolle Abweichungen und Verfälschungen.

Für sie wollen wir beten, daß sie die Wahrheit zu vernehmen wissen (dazu bedarf es der Reinheit des Herzens!); daß sie aufzunehmen verstehen (dazu bedarf es einer letzten Demut des Geistes!); daß sie zu verteidigen wissen (dazu bedarf es dessen, was die Stärke Jesu, die Stärke der Heiligen war: des Gehorsams!). Nur der Gehorsam erlangt den Frieden und auch den Sieg.

GEHEIMNISSE DES SCHMERZENREICHEN ROSENKRANZES

1.

Der für uns Blut geschwitzt hat

In Ergriffenheit wendet sich unser Geist stets aufs neue dem Bilde des Erlösers zu, hier, an diesem Ort, in dieser Stunde seiner äußersten Verlassenheit. „... Und er betete in seiner Angst noch inständiger, und sein Schweiß war wie Blut, das auf die Erde tropfte" (Luk 22, 44). Ins Tiefste dringende Qual der Seele, äußerste Bitternis des Alleinseins, Ohnmacht des entkräfteten Leibes. Diese Todesangst erklärt sich aus der unmittelbaren Gegenwart der Passion; Jesus sieht sie nicht mehr in weiter Ferne, nicht mehr in nächster Nähe, sondern sie ist bereits da.

Das Geschehen von Gethsemani stärkt uns und gibt uns Mut, unseren ganzen Willen einzusetzen, um mit voller innerer Zustimmung das Leiden anzunehmen, wenn Gott unser Leiden will oder zuläßt. „Nicht mein, sondern dein Wille soll geschehen" (Luk 22,42). Das sind Worte, die uns schmerzvoll treffen und die uns doch wieder heilen, denn sie lehren uns, zu welch innerer Feuersglut der Christ gelangen kann und muß, der zusammen mit dem leidenden Herrn leidet; sie geben uns, wie in einer äußersten Berührung, Gewißheit über die unaus-

Christus am Ölberg. Gemälde von Andrea Mantegna, 1457–59. Tours, Musée des Beaux-Arts.

sprechlichen Verdienste des göttlichen Lebens in uns, eines Lebens, das heute durch die Gnade in uns lebendig ist.

Eine besondere Intention steigt angesichts dieses Geheimnisses vor unseren Augen auf: die „sollicitudo omnium ecclesiarum – die Sorge um alle Gemeinden" (2 Kor 11,28) ...

Anteil nehmen an den Nöten der Brüder, leiden mit jenen, die da leiden, „weinen mit den Weinenden", das bedeutet eine Wohltat, ein Verdienst für die ganze Kirche. Die Gemeinschaft der Heiligen, bedeutet das nicht, daß wir alle und jeder einzelne das Blut Jesu gemeinsam zu eigen haben, die Liebe der Heiligen und Gutgesinnten, und, ach, auch unsere Sünden, unsere Schwachheit?

Denken wir je an diese „communio", die Einigung und, wie der Herr es gesagt hat, sozusagen eine einzige Einheit ist: „Denn sie sollen eins sein" (Joh 17,22)? Das Kreuz des Herrn erhöht nicht nur uns, sondern zieht immerdar alle Seelen zu sich: „Und ich, wenn ich über die Erde erhöht bin, werde alle zu mir ziehen" (Joh 12,32). Alles, und alle.

2.

Der für uns gegeißelt worden ist

Das Geheimnis erinnert uns an die grausame Qual, die die reinen und heiligen Glieder des Herrn bei den vielen Schlägen empfunden haben.

Der Mensch ist zusammengefügt aus Leib und Seele. Der Leib ist den demütigendsten Versuchungen unterworfen; der Wille, der so schwach ist, kann sich leicht hinunterziehen lassen. So finden wir in diesem Geheimnis den Anruf zur Buße, zu heilsamer Buße, denn sie birgt in sich und bringt das wahre Heil des Menschen; sie dient der Gesundheit des Leibes und vor allem dem Wohl unseres geistlichen Heils.

Bedeutsam ist die Lehre, die sich daraus für alle ergibt. Wir sind nicht berufen zum blutigen Martyrium, wohl aber zu beständiger Zucht, zur täglichen Abtötung der Leidenschaften. Nun wohl, auf diesem Wege, auf diesem wahren „Kreuzweg", diesem alltäglichen, unvermeidlichen, unabänderlichen Weg, der durch seine Forderungen einmal zu einem Weg des Heroismus werden kann, gelangen wir Schritt um Schritt zu einer immer vollkommeneren Ähnlichkeit mit Jesus Christus, zur Teilnahme an sei-

Christi Geißelung. Gemälde aus der „Grauen Passion" von Hans Holbein d. Ä., wahrscheinlich 1505.

nen Verdiensten und, gewaschen durch sein reines Blut, zur Tilgung aller Schuld in uns und in allen. Nicht aber gelangen wir dazu auf dem Weg billiger Begeisterung oder vielleicht gutgemeinter aber nutzloser Schwärmerei.

Seine Mutter, die schmerzensreiche, sieht ihn so gegeißelt: denken wir es uns aus, mit welchem Weh? Wie viele Mütter möchten sich freuen können über das Vorankommen ihrer Kinder, denen sie durch eine gute Erziehung, durch ein rechtes Leben den Weg gewiesen und bereitet haben, und doch müssen sie weinen, weil all diese Hoffnungen schwinden, müssen klagen, weil so vieles Sorgen umsonst war.

Die Ave Maria dieses Gesätzes mögen also vom Herrn die Gabe der Sittenreinheit in den Familien und in der Gesellschaft erbitten und vor allem in den Herzen der Jugend, die durch die Verführung der Sinne am meisten bedroht ist; sie mögen zugleich um die Gabe der Festigkeit des Charakters bitten, um die Gabe der Treue in der Bewährung der empfangenen Lehren und im Festhalten an den gefaßten Vorsätzen.

3.

*Der für uns
mit Dornen gekrönt worden ist*

Die Betrachtung dieses Geheimnisses wendet sich in besonderer Weise jenen zu, die das Gewicht schwerer Verantwortung tragen in der Leitung der menschlichen Gesellschaft: es ist also das Geheimnis der Regierenden, der Gesetzgeber, der Beamten.

Auf dem Haupte dieses Königs sehen wir die Dornenkrone. Auch auf ihr Haupt wird eine Krone gesetzt, eine Krone, strahlend in Würde und Adel, die Krone einer Autorität, die von Gott kommt und göttlich ist. Zugleich aber ist in diese Krone mancherlei eingeflochten, was drückt, was sticht, was verwirrt und was verbittern kann – kurz gesagt, es sind Dornen und Unlust dabei, ganz abgesehen von den Schmerzen, die sie durch Unglück erfahren oder durch Angriffe der Menschen, und dies um so schlimmer, wenn sie die Menschen lieben und wenn sie dazu bestimmt sind, ihnen gegenüber der Stellvertreter des Vaters im Himmel zu sein. Die Liebe selber wird alsdann, wie bei Jesus, zur Dornenkrone, eine Krone, die grausame Menschen flechten um die Stirn eben dessen, der sie liebt.

Dornenkrönung Christi. Gemälde von Tizian, um 1570/76. München, Alte Pinakothek.

Der für uns mit Dornen gekrönt worden ist

Eine andere fruchtbringende Anwendung des Geheimnisses wäre es, an jene zu denken, die mit schwerer Verantwortung belastet sind, da sie größere Talente empfangen haben, und die daher verpflichtet sind, in entsprechendem Maße auch Frucht zu bringen durch unentwegte Ausübung ihrer Fähigkeiten, ihrer Intelligenz. Der Dienst am Geiste, ich meine die Verpflichtung, die jenem auferlegt ist, dem mehr gegeben worden ist, all den anderen Licht und Führung zu werden, dieser Dienst muß mit aller Geduld erfüllt werden, und alle Versuchungen des Hochmuts, der Geltungssucht, der zerstörerischen Uneinigkeit müssen dabei überwunden werden.

4.

*Der für uns
das schwere Kreuz getragen hat*

Das Leben des Menschen ist eine fortgesetzte Pilgerschaft, lang und drückend. Sie führt über steile, steinige Wege, entlang der Straße, die für alle diesen Hügel hinaufführt.

In diesem Geheimnis repräsentiert Jesus das ganze Menschengeschlecht. Wehe, wenn nicht für jeden von uns sein Kreuz da wäre; der Mensch, von Selbstsucht und Herzlosigkeit versucht, würde über kurz oder lang am Wege liegenbleiben.

Durch die Betrachtung Jesu, der nach Kalvaria aufsteigt, wollen wir lernen – zuerst mit unserm Herzen und dann mit unserer Einsicht –, das Kreuz zu umarmen und zu küssen und es zu tragen in Großmut und mit innerer Freude, gemäß dem Wort der „Nachfolge Christi" des heiligen Thomas von Kempen: „Im Kreuz ist Heil, im Kreuz ist Leben; im Kreuz ist Schutz vor den Feinden, im Kreuz ist Einflößung himmlischer Süße" (II, 12, 2). Und wie sollten wir unser Gebet nicht auch an Maria richten, die ihm schmerzerfüllt nachfolgt, eines Sinnes mit Jesus und in voller Teilhabe an seinen Verdiensten und an seinen Leiden?

Kreuztragung. Meister der Goldenen Tafel, ehemaliger Hochaltar der Klosterkirche St. Michael in Lüneburg (linker Innenflügel außen), um 1418. Hannover, Niedersächsische Landesgalerie, WM XXIII, 27.

Dieses Geheimnis stellt uns die gewaltige Vision all der vielen Leidtragenden vor Augen: der Waisen, der Alten, der Kranken, der Gefangenen, der Schwachen, der Heimatlosen, der Ausgestoßenen. Für alle wollen wir um Kraft bitten, um den Trost bitten, der allein Hoffnung gibt. Mit Innigkeit und vielleicht auch ein paar heimlichen Tränen wollen wir es wiederholen: „O crux, ave, spes unica" – „O heil'ges Kreuz, sei uns gegrüßt, du einz'ge Hoffnung dieser Welt" (aus dem Vesperhymnus der Karwoche).

5.

Der für uns gekreuzigt worden ist

„Tod und Leben stritten im Kampfe, wie nie einer war; der Fürst des Lebens erlag dem Tod" (aus der Ostersequenz): Leben und Tod, das sind die beiden bedeutsamen und entscheidenden Punkte im Opfer Christi. Vom Lächeln in Betlehem, das bei allen Menschenkindern aufblüht, wenn sie auf die Welt kommen, bis zum letzten schweren Atemzug und dem letzten Seufzer am Kreuz, der all unsere Schmerzen in sich faßt, um sie zu heiligen, der all unsere Sünden auslöscht und tilgt, all das ist das Leben Jesu auf Erden.

Und Maria steht da, ganz nahe bei dem Kreuz, so wie sie dem Kind in Betlehem nahe war. Bitten wir diese Mutter, bitten wir sie, daß sie auch für uns Fürsprache einlege, „jetzt und in der Stunde unseres Todes".

In diesem Geheimnis können wir, gewissermaßen verhüllt, das Geheimnis jener erblicken, die niemals von diesem Blute wissen werden, das auch für sie der Gottessohn vergoß; das Geheimnis der verstockten Sünder, der Ungläubigen, jener, die das Licht des Evangeliums empfangen haben und noch empfangen und es

Kreuzigung Christi. Gemälde von Simone Martini, 1333. Antwerpen, Koninklijk Museum voor Schone Kunsten.

dann abweisen! Wenn wir daran denken, dann wird unser Gebet weit, dann dehnt es sich mit einem tiefen Atemholen, mit einem Seufzer tief ins Herz dringender Sühne zu den weltweiten Horizonten des Apostolats. Dann bittet es aus tiefstem Herzen, daß dieses kostbare Blut, das für alle Menschen vergossen worden ist, schließlich für alle Menschen das Heil und die Umkehr bewirken möge; daß das Blut Jesu für alle zum Lösegeld und zum Unterpfand ewigen Lebens werde.

GEHEIMNISSE DES GLORREICHEN ROSENKRANZES

1.

Der von den Toten auferstanden ist

Das ist das Geheimnis des Kampfes gegen den Tod und seiner Überwindung. Die Auferstehung besiegelt den größeren Triumph des Herrn, sie bedeutet zugleich die Zusicherung des Triumphes auch der heiligen katholischen Kirche über jede Gegnerschaft, über jede Verfolgung, gestern und in vergangenen Zeiten, morgen und in der Zukunft. „Christus vincit, Christus regnat, Christus imperat – Christus siegt, Christus regiert, Christus herrscht." Wir tun gut daran, uns zu erinnern, daß die erste Erscheinung des auferstandenen Herrn den frommen Frauen galt, ihnen, die seinem Leben in Niedrigkeit verbunden gewesen und ihm in seinem Leiden nahe geblieben waren, bis zum Kreuzestod auf Kalvaria, ja auch dort noch.

Im Lichtglanz dieses Geheimnisses betrachten wir mit den Augen lebendigen Glaubens, auf immer nun mit dem auferstandenen Herrn verbunden, die Seelen, die uns am teuersten sind, die Seelen derer, deren Liebe uns nahe ist, deren Leiden wir teilen. Wie wird da, im Lichte der Auferstehung Jesu, das Andenken an unsere Toten im Herzen lebendig! Wir halten ihr Gedächt-

Auferstehung Christi. Altargemälde des Meisters von Wittingau, um 1390. Prag, Národni Galerie.

nis in uns wach, wir kommen ihnen zu Hilfe durch das Opfer des gekreuzigten und wiedererstandenen Herrn; so nehmen sie am Besten unseres Lebens teil: an unserem Beten, an Jesus.

Nicht ohne Grund beschließt die östliche Liturgie den Begräbnisritus mit dem Alleluja für alle Verstorbenen. Wir erbitten den Toten das Licht der ewigen Wohnungen; dabei wendet sich unser Denken gleichzeitig der Auferstehung zu, die uns selber erwartet: „Et exspecto resurrectionem mortuorum – ich erwarte die Auferstehung der Toten." Daß wir ausschauen und allezeit vertrauen können auf die beglückende Verheißung, für die die Auferstehung des Herrn uns das sichere Unterpfand ist, das ist in Wahrheit ein Vorgeschmack des Himmels.

2.

Der in den Himmel aufgefahren ist

Bei diesem Gesätz betrachten wir die Erfüllung, die höchste Vollendung der Verheißung Jesu. Das ist die Antwort, die er unserem Verlangen nach dem Paradiese gibt. Diese seine endgültige Heimkehr zum Vater, von dem er seinerzeit zu uns in diese Welt herabgestiegen war, bedeutet die Sicherheit für uns, denen er versprochen hat, uns dort oben einen Platz zu bereiten: „Ich gehe, um einen Platz für euch vorzubereiten" (Joh 14,2).

Dieses Geheimnis bietet sich vor allen anderen als Licht und Weisung an für jene Seelen, die sich voll Eifer um ihre besondere Berufung mühen. Hier wird uns deutlich, welch ein geistiger Auftrieb, welches Feuer, das beständig zum Himmel lodert, in den Herzen der Priester brennt, wenn sie, ungehindert, unbelastet durch die irdischen Güter, einzig darum bemüht sind, sich und den anderen die Wege zu erschließen, die zur Heiligkeit und zur Vollkommenheit führen. Zu dieser Stufe der Gnade müssen ja, für sich allein oder in einer Gemeinschaft, die Priester hingelangen, die Ordensmänner und Ordensfrauen, die Missionare und Missionarin-

Himmelfahrt Christi. Glasbild aus dem rechten Chorfenster der Oberkirche von S. Francesco in Assisi, Mitte 13. Jahrhundert.

nen, die Laien, die eine große Liebe zu Gott und der Kirche anspornt: viele Seelen, zumindest jene Seelen, die wie ein „Wohlgeruch Christi" (vgl. 2 Kor 2, 15) sind. In der Nähe solcher Seelen fühlt man sich Jesus nahe und schon in beständiger Verbindung mit dem himmlichen Leben.

Dieses Gesätz des Rosenkranzes ermahnt uns, daß wir uns nicht herunterziehen lassen dürfen von dem, was schwer und lastend ist, daß wir uns vielmehr dem Willen des Herrn hingeben müssen, der uns nach oben zieht. Die Arme Jesu öffnen sich in der Stunde, da er zum Himmel aufsteigt und zu seinem Vater zurückkehrt, sie öffnen sich weit zum Segen über seine ersten Apostel und über alle, die in ihrer Nachfolge an ihn glauben werden mit einem Herzen voll gelassener und froher Zuversicht, daß sie am Ende ihm und allen Erlösten begegnen werden in der ewigen Seligkeit.

3.

Der uns den Heiligen Geist gesandt hat

Die Apostel empfangen beim letzten Abendmahl die Verheißung des Geistes; im gleichen Abendmahlssaal empfangen sie ihn, nachdem Jesus von ihnen geschieden ist, Maria aber unter ihnen weilt, als kostbarstes Geschenk des Herrn – denn was anderes ist fürwahr sein Geist? – Er ist der Tröster, er der Lebensspender der Seelen. Der Heilige Geist strömt weiter unaufhörlich auf die Kirche und durch die Kirche, Tag für Tag; die Jahrhunderte und die Völker gehören dem Geiste, gehören der Kirche zu. Die Siege der Kirche sind nicht immer nach außen offenkundig; in Wirklichkeit aber vollziehen sie sich immer und sind immer reich an Überraschungen, ja sogar an Wundern.

Die Ave Maria dieses Geheimnisses, das wir betrachten, sollen mit einer besonderen Intention verbunden sein; in diesem Jahr des Eifers sehen wir ja, wie die ganze heilige Kirche, die da durch die Welt hindurchpilgert, auf das Ökumenische Konzil zuschreitet und sich darauf vorbereitet. Dieses Konzil hat die Aufgabe, ein neues Pfingsten vorzubereiten, ein Pfingsten des Glaubens, des Apostolates, der besonderen Gnaden,

Ausgießung des Heiligen Geistes. Glasbild aus dem rechten Chorfenster der Oberkirche von S. Francesco in Assisi, Mitte 13. Jahrhundert.

für das Heil der Menschen, für den Frieden der Welt. Maria, die Mutter Jesu und immer auch unsere gütigste Mutter, war mit den Aposteln zusammen im Abendmahlssaal, als es Pfingsten wurde.

Bleiben wir immer ganz nahe bei ihr durch das Rosenkranzgebet. Unser Flehen, mit dem ihren vereint, wird das alte Wunder neu werden lassen; es wird wie der Aufbruch eines neuen Tages sein, ein neues Aufleuchten der Kirche vor unserer modernen Zeit, dieser heiligen und immer heiligeren, dieser katholischen und immer katholischeren Kirche.

4.

Der dich, o Jungfrau,
in den Himmel aufgenommen hat

Hier erstrahlt, hier leuchtet das herrliche Bild Mariens in dem erhabensten Glanz, zu dem je ein Geschöpf gelangen kann. Wie ist diese Szene voll Anmut, voll Milde, voll Feierlichkeit; dieses Entschlafen Mariens, so wie die Christen des Ostens es darstellen. Sie liegt ausgestreckt im friedvollen Schlaf des Todes; Jesus steht ihr zur Seite und hält sie nahe bei seinem Herzen; die Seele Mariens erscheint als ein kleines Kind, um das Wunder ihrer gleich darauf folgenden Auferweckung und Verherrlichung darzutun.

Die Christen des Westens ziehen es vor, Augen und Herz zu erheben zu Maria, die bereits auferweckt ist und mit Leib und Seele zum Himmel emporsteigt. So haben sie die bedeutsamsten Künstler geschaut, so sie dargestellt, in unsagbarer, himmlischer Schönheit. Laßt auch uns ihr so folgen, lassen auch wir uns mit emporreißen in die Schar der Engel, die sie begleiten! Wie sehr ist dies in Tagen der Leiden ein Grund des Trostes und der Zuversicht für jene auserwählten Seelen – und wir alle könnten zu ihnen gehören, wenn wir nur der Gnade entsprechen würden! –, die Gott in der Verborgen-

Marientod. Meister der Goldenen Tafel, ehemaliger Hochaltar der Klosterkirche St. Michael in Lüneburg (rechter Außenflügel innen), um 1418. Hannover, Niedersächsische Landesgalerie, WM XXIII, 27.

heit zur höchsten Glorie vorbereitet, zur Glorie der Altäre.

Das Geheimnis der Aufnahme Mariens in den Himmel macht uns den Gedanken an den Tod vertraut, an unseren Tod; es läßt ein Licht der bereitwilligen Hingabe in uns aufleuchten; es macht uns ihm vertraut und läßt uns ihm zustimmen in dem Gedanken, daß der Herr, wie wir es erhoffen, auch unserem Todeskampf nahe sei und unsere unsterbliche Seele in seine Hände empfangen wird. „Gratia tua nobis tecum, virgo Immaculata! – Deine Gnade gib uns mit dir, Unbefleckte Jungfrau!"

5.

*Der dich, o Jungfrau,
im Himmel gekrönt hat*

Das ist die Zusammenfassung des ganzen Rosenkranzes, so schließt er in Freude und Herrlichkeit.

Dieser große Auftrag, der da beginnt mit der Verkündigung des Engels an Maria, zieht sich, wie ein Strom von Glut und Licht, von einem Geheimnis zum anderen: der ewige Plan Gottes zu unserem Heil stellt sich hier in einer Reihe von Bildern dar; er hat uns bis hierhin geführt und verbindet uns nun aufs neue mit Gott im Glanze seiner Herrlichkeit.

Die Herrlichkeit Mariens, der Mutter Jesu und auch unserer Mutter, entzündet sich hier am unerreichbaren Lichte der erhabenen Dreieinigkeit und strahlt wie ein leuchtender Spiegel dieses Licht auf die heilige Kirche zurück: auf die triumphierende im Himmel, auf die leidende, doch in sicherer Zuversicht leidende, im Fegfeuer, auf die streitende auf Erden.

O Maria, du betest mit uns, du betest für uns. Wir wissen es, wir fühlen es.

O welch beglückende Wirklichkeit, welch hohe Glorie liegt in diesem Zusammenwirken von Himmel und Erde, diesem Zusammenwir-

Krönung Mariä. Gemälde von Raffael, um 1503. Vatikanische Pinakothek.

ken der Empfindungen, der Worte, des Lebens, wie der Rosenkranz es uns gegeben hat und gibt: Linderung der menschlichen Leiden, Vorgeschmack überirdischen Friedens, Hoffnung ewigen Lebens!

Bildnachweis: Für die Überlassung der Bildvorlagen dankt der Verlag: Roto Smeets, Weert (17 25 29 39 47 55 61), P. Gerhard Ruf OFM Conv. (21 33 65 69), Herrn Marco Schneiders (43), Scala Florenz (77), der Niedersächsischen Landesgalerie, Hannover (51 73), dem St. Benno-Verlag GmbH, Leipzig, (Umschlagbild).

Karol Wojtyła

DER ROSENKRANZ

Bilder und Betrachtungen

„Das traditionelle Gebet des Rosenkranzes kann man heute besser verstehen. Der Papst schreibt: in seiner Schlichtheit ist er ein Kommentar zu den Worten des Konzils, die die wunderbare Gegenwart der Muttergottes in dem Geheimnis Christi und der Kirche zeigen. Dieses hübsche Bändchen hilft uns, unser Gebet zu Maria zu erneuern und mit ihr über die Geheimnisse unserer Rettung zu meditieren. Das Buch enthält Texte und herrliche Kunstbilder, die dazu einladen, in Betrachtung zu verharren" (Der Sendbote des hl. Antonius).

„Es sind kurze, kraftvolle Texte, stark biblisch orientiert. Zu jedem Geheimnis ist ein – meist mehrfarbiges – Bild aus Meisterwerken der christlichen Kunst gestellt, das zum tieferen Betrachten und Verweilen einlädt. Ein Geschenk zu vielen Gelegenheiten" (Anzeiger für die Seelsorge).

„In einer Zeit, in der viele Menschen wieder Rückhalt und Vertiefung im Gebet suchen – und viele wieder den Rosenkranz beten würden, wenn sie Anleitung dazu finden würden, ist das kleine Buch eine Gebets- und Lebenshilfe" (Belgischer Rundfunk).

3. Auflage. 64 Seiten, gebunden. ISBN 3-451-19437-6

Verlag Herder Freiburg · Basel · Wien